JN436581

문학사랑 시인선 061

정림사지 벚꽃

월성 류찬희 시집

오늘의문학사

국립중앙도서관 출판예정도서목록(CIP)

정림사지 벚꽃 : 류찬희 시집 / 지은이: 류찬희. -- 대전 : 오늘의문학사, 2018
p. ; cm. -- (문학사랑 시인선 ; 061)

ISBN 978-89-5669-921-9 03810 : ₩9000

한국 현대시[韓國現代詩]

811.7-KDC6
895.715-DDC23 CIP2018017238

정림사지 벚꽃

서문

어느덧 풀꽃향기 그윽한 6월입니다. 남북한의 화해무드가 무르익어가는 이때, 평화롭고 희망찬 조국이 미래의 꿈을 안고, 더욱 힘차게 달려가기를 소망합니다.

이 좋은 시절을 맞아 처녀시집 『정림사지 벚꽃』을 상재함에 있어 감회와 보람을 느끼면서 마음을 조심스레 가다듬어 봅니다.

젊은 날에 남달리 시(詩)를 좋아하여 많은 시집들을 읽었습니다만, 직장의 하루하루를 가파르게 지내다보니, 시작(詩作)은 엄두를 못 내었고, 언제나 이루지 못할 꿈처럼 숙제로 남아 있었습니다.

퇴직 후 가까스로 일상 속에서 여유를 얻어 본향인 백제고도 부여의 유적지를 자주 돌아보았습니다. 인근 명산 칠갑산, 또 멀리 벗들을 만나느라 국제항구 부산시 근교 등을 주유(周遊)하면서 시상(詩想)을 떠올리어 시를 써 보았습니다.

그동안 풍수학을 비롯하여 역경(易經)에 이르기까지 하교(下敎)하신 소설가 정안길 선생님의 각별하신 격려에 힘입어 십여 년 전 계간 『농민문학』 등단과 더불어 근래 사비문학에 참여하면서 〈21c부여신문〉 등에 자작시를 발표하고 있습니다.

평소 대하 임용식 문우를 비롯하여, 많은 분들의 도움과 찬사에 용기를 얻어 설레는 마음으로 첫 시집을 내기에 이르렀으니, 그 고마움을 표합니다.

아직 덜 익은 시제나마 미려하게 첫 시집 '정림사지 벚꽃'을 출간하여 주신 '오늘의문학사'에 감사를 드립니다.

2018. 6.

월성(月城) 류 찬 희

1부 궁남지 연꽃 축제

2부 봄비 내리는 밤

3부 아리랑 고개

4부 내 고향 부소산

1부
궁남지 연꽃 축제

가뭄에 단비

사막 같이 극심한 가뭄
타들어 가는 농작물
후두두 빗방울에
노란 옷을 벗어 던지고
얼쑤 춤을 춘다.

절망의 늪에서 탈출한
모든 사람들이
청룡, 흑룡의 기를 받아
소리를 높인다.
노래를 부른다.

풍악을 울리고
이 밤이 새도록
신비한 능력의
깃발을 하늘 높이 세우고
희망찬 축포를 쏘아 올린다.

〈 2017. 6. 12 〉

가을

부엉새 구슬프게 울어대는 밤
초승달이 은은하게 비추고

아쉬운 미련에 괴로움은
가슴을 어루만지며 위로하고

희로애락의 세월
수없이 추억들이 밀려오고

세상사를 포용한 오곡백과는
만족스러운 정서를 부추기고

오늘도 청명한 하늘 아래
황금물결로 출렁거리고

단풍 속에서 코스모스 꽃은
향기에 스스로 취하고

비틀거리던 낙엽이 수북하게 쌓인 채
계곡에 누워 뒹굴고.

〈 2015. 9. 28 〉

경인년

은반의 여왕 탄생으로
가슴 부푼 국민의 가슴에
분홍빛 희망의 광채
세계 속에 우뚝 자리 잡은
우리의 듬직한 위상

나이지리아에서 축구공이
허공에서 번쩍이고
아시아 올림픽에서 받은 메달
우리 모두의 만족스러운 함성
가슴속에 스며드는 아쉬운 미련

천안함 침몰, 연평도 포격
원망과 절망감이
슬픈 눈망울에 잠기나,
세계 속 코리아 열풍에
기대감에 부푼 가슴을 안고

다사했던 호랑이해는
역사 속으로 사라져간다.

〈 2011. 2. 13 〉

겨울 철새

추운 곳만 찾아다니는 나그네
의지할 곳 없는 인생

차디찬 물속에서 보내야하는
불행한 삶을 위하여

적덕한 것도 없고
어느 누구를 훌륭한 인물로
성장시키지도 못하였으니

천지신명께서 외면하고
사회에서 고립되었어도
일 년에 한 번씩 태어난 곳을 찾는다.

고향 품에 안겨 회포를 풀 수 있으니
분단된 나라에서도
다행스런 철새의 삶.

〈 2017. 4. 15 〉

계룡산 눈꽃

간밤에 예고 없이 소담스런 눈꽃이 나무 가지마다 현란하게 피어 온 산 전체가 눈꽃 세상이다. 신기함에 취해 헤맬 때, 산새들에 노래 소리에 정신을 가다듬고 눈꽃 숲속을 바라보고 있으면, 숲속에서 계룡 포 입은 도인이 눈을 털고 나선다.

천왕봉을 출발하여 문필봉을 지나 삼불봉을 포옹하고, 운무 속에서 나타나 속세에 눈꽃을 피워 신비한 세상으로 만들은 것 같은데, 도인은 간곳없고 동학사 스님이 목탁소리로 눈꽃을 어루만지고 있다. 갑사 스님의 염불소리만이 세상을 지킨다.

〈 2005. 12. 11 〉

고란사

옛날 궁녀들이 약수를 담아
궁중에 바친 고란사 뒤안길
고란초 약수터

스님께서 이 약수
한 동이를 정성스럽게 부처님께
바치고 목탁 치며 염불을 하신다.

몽롱한 가운데
백마강 고란사 종소리 들으며
낙화암 절벽을 애처롭게 바라본다.

고전미 풍기는 아름다운 고란사
기와지붕 위에 산새들이 모여앉아
고란초를 찾아
구슬프게 울어대는 서물 넠

연합군을 저주하고
결사대의 영혼을 위로하는
기특한 모습들
물이 마를 때까지 이어지리라.

〈 2017. 3. 17〉

국화꽃 축제

꽃길을 따라
행운의 화려한 꽃물을
들뜬 가슴으로 통과하여
노랑꽃 갸름한 유람선을 타고 간다.

우리를 정답게 맞이하는
아담한 삼층 꽃집에 도착하여
공작새가 되어
평생토록
그리던 연인을 맞아 품에 안고

포룡정의 찬란한 조명을 받으며
꿈길 같은 하룻밤 풋사랑

갑자기 공작새의 울음소리에 놀라
잠을 깨고 보니
하늘에는 수많은 별빛
달빛이 쏟아진다.

수없는 꽃송이가
붉고 하얀 꽃마차를 타고
꽃길을 산책하는 황홀한 축제.

〈 2017. 10. 25 〉

궁남지

옛적 화려했던
궁남지 버드나무
그늘 아래 석축길

서동왕자와 선화공주가
사랑을 속삭이던 곳

정든 임과
손에 손을 잡고 걷는
다정한 발걸음

사뿐, 사뿐히 걷는
발자국마다 붉은색 분홍색
새하얀 연꽃이
우아하게 피어오른다.

어느새 백만 송이,
아, 흡족한 이 마음

고풍스런 정자에선
궁남지 달밤에
물새가 울어대니

궁녀들의 노랫소리가
들리는 듯하다.

〈 2015. 9. 20 〉

깊은 산속

산유곡 나무들이
빽빽하게 들어선 가지 사이
예쁘고 귀여운 산새들
고운 노래 부르는
숨바꼭질

삶에 지친
사바세계에서
가슴을
감싸주는 여로
숲의 신비에 몽롱한데
어디선가 들려오는
은은한 풍경 소리

등산객이
어깨에 보따리를 짊어지고
가파른 고개 길에서
허덕거리는데
마음을 비우고

무거운 짐을
이 울창한 숲 속에
풀어놓고
산새들의 노래 소리를 들으며
사뿐히 내려가면
얼마나 좋을까.

〈 2007. 4. 30 〉

궁남지 연꽃 축제

버드나무 가지 부드러운
미소를 가슴에 품고
저리도 고귀하게 피어
아담한 자태를 자랑하는 꽃송이가
이곳저곳에서 미소를 짓는다.

옛날 사비성의 향기가
듬뿍 배인 연꽃 송이를
한 아름 정성껏 포장하여
화려한 풍악과 함께
위령탑에 바친다.

뜸부기 처량하게 울어 댈 적에
초롱불을 밝힌
선남선녀들이 몰려와

고풍스런 자태와 향기를 찾는
가벼운 행보.

〈 2005. 5. 16 〉

남포동 거리

네온사인 반짝이는 거리에
수많은 인파가 몰려와
행복의 문을 찾으려고
골목, 골목을 누비고 다닌다.

아무리 찾아보아도 보이지가
않아 허무한 절망감

광복동 국제시장 거리를
수색하여도 눈앞이 감감
지친 군중들 실망감에 싸여

자갈치 시장 회집에서
뱃고동소리와 함께 일 배 이 배
삼 배 하니 조금씩 보이는
행복의 문.

〈 2017. 4. 11 〉

낙화암

백마강 푸른 물결 굽이 흐르고
고란사 은은한 종소리
절벽 사이, 사이로 울린다.

수많은 역사를 간직한
옛날 그 자리에 벚꽃이 만발하여
바람결에 휘날려
떨어지는 모습이 애처로운데

고란사 종소리가
허전한 심금을 가슴 깊이 울리고
숲과 절벽에 메아리친다.

〈 2016. 11. 12 〉

눈 내리는 고향

연이 공중에서 손짓하는
언덕 아래 냇가에서
하얀 빛에 황홀한 너와 나

눈사람이 메고 가는
눈가마를 타고
연이 풍물소리에 홍이 나
재주 부리는 것을 보다가

눈사람이 바람같이 사라져
눈 속에 길을 감추어
깜빡 길을 잃어버렸네.

그대들은 다 어디 가고
낯선 곳에 나 홀로 서있나?
그리운 고향아!

〈 1990. 9. 24 〉

달빛 비추는 야간열차

산야에 울리는 밤의 기적소리
별빛이 반짝이며 환영하는 손짓

임과 함께 가장 추억 깊은 열차에
밤을 보내고 싶은 간절한 이 마음

아는지 모르는지 달리는 순간마다
밝은 미소, 이 밤이 새지 말고

강과 산과 들을 달빛 별빛과 함께
끝없이 달리고 싶은 허망한 욕심.

〈 2017. 4. 15 〉

난초꽃

사바세계 세상만사 싫어
산속 깊은 곳에 들어왔다.
권모술수 흥망성쇠 없는
심산유곡의 평화

산새들의 울음소리
계곡의 물소리
산 짐승들의 순박한 애무
듣고 보며 귀엽게 자란 너

어렵고 불리한 환경일수록
더욱 아름다운 모습으로 자라
아기자기한 바위틈에서
예쁜 꽃을 피우네.

온 산에 향기를 뿌리고
이 향기를 온 세상과 나누네.

〈 2017. 3. 22 〉

들국화

아무도 없는 벌판에 피어
살며시 미소 짓는 들국화
자그맣고 예쁘고 날렵한 자태

외로운 삶
종달새가 찾아와 국화꽃 바로 위
높이 날아 날개를 퍼덕이고

나는 너의 친구가 되어
매일같이 찾아와 노래를 불러줄 테니
보람 있고 즐거운 세월을 보내란다.

찾아 주는 사람이 없어도
소박하고 알뜰한 세상
아름다운 세상을 만들어다오.

〈 2017. 4. 4 〉

매화

간절히 봄을 기다리는 날
매화가 말없이 찾아와
가지마다 꽃송이가 피었네.

남녀노소 모두 나와
축제가 벌어졌네.

산새, 들새 모여들어
봄이 왔다고 울어대고

노랑나비 하얀 나비 모두 나와
춤을 추며 가슴에 포옹하니
가장 만족스러운 날이네.

〈 2017. 3. 21 〉

물레방아

계룡산 높은 봉우리 아래
아름다운 동학사 계곡

거대한 고목을 감돌아
낙하하는 폭포수 아래

영원히 변치 않는 행복한
미래의 약속을 위하여

물레방아를 그대와 함께
정성들여 만든다.

벚꽃이 환하게 피어
온 산이 꽃동산 꽃길

산새의 노래가 물이 되어
물레방아를 돌린다.

온 산이 붉게 물든 단풍은
아름다운 비단길

여승의 은은한 염불소리 듣고
지나는 흰구름아,

고요한 정서 속에 비가 되어
물레방아를 돌려다오.

〈 2015. 10. 5 〉

장미꽃

줄기마다 꽃송이가
붉은 옷을 예쁘게 차려입고
미소를 짓는다.

아름다운 장미꽃 세상

이 꽃밭 한가운데
그림 같은 집을 짓고
꽃같이 아름다운 정든 이들과
영화 속의 한 장면 같이
행복하게 살고 싶다.

사랑을 나누는 생활 속에서
아기자기한
세월을 보내고 싶은

절실하고 간절한 심정,

이상향의 삶을 실현하련다.

〈 2017. 3. 26 〉

2부

봄비 내리는 밤

멧돼지의 삶

고난의 계절 겨울
눈 쌓인 깊은 산속
불안한 삶
사냥꾼의 탐색과 총성
계곡마다 메아리친다.
삭막한 사회 배고프고
험난한 일정에
시달리는 멧돼지.
봄이 가고 여름이 오면
생의 전성기, 식량이 넘쳐
곡간에 가득 쌓아 놓고
많은 새끼 가족들과
폭포수 아래 풍년가를 부른다.
나는 숲의 제왕이다.
좋은 시절은 잠시
혹독한 겨울이 기다리고 있다.

〈 2011. 2. 17 〉

벚꽃 축제

줄기마다 탐스럽게 핀
벚꽃 터널에서 화려한 그를
바라보고 있으면

신선이 포옹하여 주고
고귀한 품안에서 풍기는
심오하고 그윽한
향기에 취해
꿈속에서 마냥 비틀거린다.

화려한 야회복을 입고
전야제 야릇한
꽃 세계에 부풀어
기대감에 밤새도록
촛불 켜놓고 뜬눈으로
밤을 지새운다.

구슬픈 비둘기 울음소리에
꽃송이, 송이가 설레며
가슴에 가득 고인다.

〈 2007. 4. 1 〉

병술년

한류 열풍은 동남아를
종횡 무진 아우르고

천재들이 무수히 나타나서
오대양, 육대주에서 당당하다.

백두산 천지의 웅장한 지기가
백두대간을 진동하니

동계 올림픽에서도
값진 진주알이 쏟아지고

야구에서도 축구에서도
골프에서도 아-대한민국!

대운의 신호탄이
힘차게 닻을 올린다.

〈 2006. 3. 25 〉

보름달

뒷동산에 떠오른 보름달
쳐다만 보아도
희망을 주는 둥근 달
온 산천
오대양 모든 곳을
은은한 빛으로 밝혀주는
이 밤
이 달빛 아래 강변에서
그대를 만나 손을 마주잡고
미래를 설계하고
행복한 세상을 꿈꾸며
장래를 기약하는
이 보람된 세월이
달빛과 함께 물결 따라 너울대는
달밤의 로맨스.

〈 2017. 3. 28 〉

봄비 내리는 밤

신록이 온 산을 푸르게 만든 밤
이슬비는 하염없이 내리는데
그렇게도 곱고 예쁜 꾀꼬리
고운 목소리로 부른다.

리듬에 맞춰 꾀꼴 꾀꼴
울어대는 가슴 설레는 밤
이 밤이 새도록 짝을 찾아
저토록 구슬프게 울어대는데

이 아름다운 노래 소리에
유혹된 영산홍 진달래꽃
봄꽃들이 이 밤이 새도록

천지신명께 비를 맞으며
빌고 빌어 그토록 아름다운
꽃을 피우는 봄비 내리는 밤.

〈 2017. 4. 23 〉

사랑탑

부엉새 구슬프게 울어대는 밤
둥근달이 세상을 비추고
별들이 속삭이는 적막한 여정

찬란한 미래를 위하여
구층 사랑탑을 쌓아 올린다.

계수나무 아래서
친지들이 환영하는 가운데

밤안개 기둥에 초롱불 달아놓고
천지신명께 백일기도 드리고
한층, 한층 세상사를 담아 쌓아 올린다.

이 탑이 완성 될 때까지
봉황새는 더욱 아름다운
노래를 부르고

달빛 별빛도 품위 있게
비추어 주시기를 바라는
간절한 소망.

〈 2015. 10. 15 〉

봄날은 간다

꽃이 피고 새가 우는
봄날은 간다.
옷소매를 부여잡고 가지 말라
사정하고 애원해 보아도

쳐다보지도 않고
무정하게 떠나가는 당신
이별의 슬픔에 잠겨
눈시울이 붉어질 때

내년에는 행복과 함께
뜨겁게 포옹하고
괴로움은
구름 속에 살며시 띄우고
평온하고 희망찬
봄날을 기다린다.

〈 2017. 4. 7 〉

봄이 오는 고개 길

갸름한 산 고개를 오른다.

길게 늘어서 피어 있는 꽃
풍류가 넘치는 꽃 아래
곱게 한복을 차려입고
풍물소리 들으며
아지랑이 포옹하고 나물 캐는
아름다운 우아한 모습

또 한 고개
꽃송이가 만발한 벚나무 터널
수없이 많은 인파가 모여
풍물 치는 소리
민속 북 공연
엿장수 공연에 홍이 나 춤을 추는
신명나는 봄의 축제.

〈 2017. 3. 17 〉

빅토리아 연꽃

아마존 정글에서 태어나
온 세상으로 전파되었다네.

넓고 둥근 몸매에
새하얀 옷을 입고 나타나

붉은 옷으로 갈아입고
아름다운 미모를 자랑

그윽한 향기에 취한 인파
향기와 미모로 행복한 시간

둥근 달 은은한 밤에 그대는
바람과 함께 사라진다.

〈 2017. 8. 4 〉

석가 탄신일

신록이 온산을 물들인
석가 탄신일,
성인의 자비가
온 세상을 푸르게 물들이는

포근하고 아름다운 날
산속 아담한 절을 찾아
스님의 염불소리 들으며
경배드리네.

세상이 자비의 물결에
취한 행복
수많은 사부대중과 호롱불 밝히고
인연을 맺는 성스러운 밤.

〈 2017. 5. 4 〉

야간에 피는 연꽃

너무나도 수줍은 여인 같은
밤에 핀 연꽃

모든 꽃들이 낮에 자태를
뽐내는데
너는 밝은 세상이 부끄러워
오늘밤도 환영해 주는구나.

귀중한 꽃, 너를 보려면
아무도 없는 한밤중에

몸매를 단정하게 하고
살짝 가서 보아야지.
너무 예쁜 미녀가 부끄러워
숨기 전에 조심 조심.

〈 2017. 7. 17 〉

양귀비

신기한 향기를 뿌리며
세상을 유혹하는 양귀비

아무리 달콤한 말을 하여도
아무리 예쁜 웃음을 보여도
먼 산을 바라보며 외면해야지

허욕과 유혹을 단절해야 한다.
미인의 미소에 유혹되면
가정도 사회도 명예도 모두 잃고
골목길을 허우적거리다가

아무도 모르게
비틀대다가 밤안개 속에
바람과 함께 사라진다.

〈 2017. 5. 2 〉

용두산 공원

전망대 아래에 서면
멀리 보이는 빌딩 숲 너머
푸른 바다
그 위에 떠있는 대형 선박들이
기적 소리와 함께 흔들린다.

빌딩 숲 사이사이
갈매기 날갯짓이
울음소리와 함께 수놓고
비둘기들의 선회하는 비행
모습이 정겨운데

시민들의 안식처 보금자리에는
새벽 동이 터
평화롭고 희망 넘치는

아름다운 빛이
산 바다 시내를 감아 돈다.

〈 2017. 4. 5 〉

용의 승천

오랜 기간 동안 도를 닦아
용이 되어 승천하였으니
세상을 위하여 적덕을 다짐하네.

오색약수를 길어다
메마른 강변에 뿌리어
무지개 꽃을 피우게 만들어
새가 울고 벌 나비가
춤을 추는 화려한 강변

극심한 가뭄에
맑은 샘물을 뿌려주어
천도복숭아가 주렁주렁
어려웠던 시절을 생각하고

저주의 대지라고
홍수를 터트리는
심성을 접고
인류를 위하여

공평하게 직책을 수행하는
훌륭한 용이
너무나 아름답다.

〈 2017. 4. 20 〉

연꽃

고귀하신 몸이 되어
붉은색 흰색 노란색 찬란한
옷을 입고
귀천을 가리지 않고
만인을 웃음으로 반갑게 맞이하는
너야 말로 자랑스럽다.

하늘에서 낙점을 받은
효녀 심청의 화려한
전설이 의미 깊은데
풍만한 미모여 뜨거운 폭염도
풀이 죽어 아름다움을 시샘하니

너의 은은한 향기와
넉넉한 미모,
너의 품에 안겨 취하여 볼까나.

〈 2006. 8. 23 〉

옥녀봉 진달래꽃

곱게 차려 입은 풍만한 몸매,
옥녀, 젊고 예쁜 그녀가
너무나도 아름다운데

밤마다 기다리는 그님은
오지를 않으니 어찌하나.

수많은 밤을 뜬눈으로 지새우고
기다리다 지쳐 온갖 고통에
기진맥진할 때 고개 마루에서
붉은 진달래꽃 한 아름

옥녀의 가슴에 안겨주면
이 고독한 밤을
참고 견딜 수가 있을 것 같은데,
아! 진달래꽃이여.

〈 2017. 3. 30 〉

위대한 인생

천기를 보고 미래를 전망하고
국가와 국민들에게
편안한 삶을 제시하는 사람이
위대한 인생

밤하늘에 오경명성이 반짝 반짝
우리나라가 삼천년 대운을
맞이한다고 하여도 믿지 않고
속세의 삶에 지친 인생들

그러나 도를 닦은 도사
천지 기운을 끌어 들여
병든 사람들의 건강을 찾아주니
이 또한 위대한 인생.

〈 2017. 4. 4 〉

일출봉

수많은 인파가 모여
바다 속에서 솟아오르는
태양을 바라보며
끝없이 존경스러운 눈빛이다.

이 기운이 꽁꽁 얼어붙은
엄동설한을 녹여
꽃 피워
새가 우는 시절을 만들고

황금빛 벌판에 출렁거리는
오곡백과
인류를 위한 위대한 선물

심오한 자연의 신비를
간직하여 풍요로운
새로운 세상을 만든다.

〈 2017. 4. 7 〉

장미꽃 길

그토록 예쁜 장미꽃이
만발한 비단길을 행차하려고

백일 정성을 드리고
수많은 날들을
갈고 닦은 장미꽃 비단길

만인의 환영과 박수를 받으며 걷는
행복에 빛나는 전성기

그러나 어느 날
갑작스런 폭풍우
상아탑은 무너지고

꽃송이가 모두 떨어져
원점으로 돌아가는 허무한 인생.

〈 2017. 5. 21 〉

3부
아리랑 고개

저수지

유람선에 행복을 가득 싣고
푸른 수평선 위를 달려간다.

아기자기한 산들을 바라보며
추억에 싸여 지나간다.

봄의 화려한 꽃을 바라보고
새들의 울음소리를 들으며

초록빛 우거진 계곡을 지나니
금방 곱게 물드는 단풍잎

세월아 제발 가지를 말아다오.
아까운 청춘이 다 늙어간다.

〈 2017. 5. 21 〉

정유년 광복절 경축사

촛대 바위에 횃불을 달고
하늘 높이 올라
세상을 밝고 찬란하게 비춘다.

많은 비둘기들이
하늘을 선회 하며
평화를 외치고

이웃도 국민도
흐뭇한 표정, 세계의
모든 인류도 반가운 갈채

자유롭고 정의로운
사회를 지향하는, 아름답고
고귀한 정책이 산천에 메아리친다.

〈 2017. 8. 21 〉

촛대 바위

촛대 바위에 횃불을 매달고
어두운 세상을 밝게 비춘다.

방향을 잃어버린 선박을
신호탄을 쏘아 목적지로 안내하고

수많은 인류가 진로를
찾지 못하여 방황하는데

별빛 달빛 비추어 밝은 인생길
올바른 이념과 자유를 찾아

부유하고 정의로운
세상을 제시한다.

〈 2017. 7. 29 〉

칠갑산

깊은 산속 아기자기한 계곡, 푸른 물결치는 호수 위의 징검다리, 임과 함께 출렁거리는 곳을 추억을 더듬으며 등산을 한다.

아름다운 산과 계곡을 바라보며, 뜻깊은 의미를 찾으며 산책, 산 정상은 발걸음마다 운무에 싸여 콩밭 매는 아낙네는 보이지 않고

울창한 숲속에 굽이굽이 열 두 굽이, 꽃가마 타고 가던 길가, 쌍쌍이 발자국을 맞추는 모습에 산새들 울음소리만 구곡간장을 녹인다.

〈 2017. 4. 28 〉

칠석날

은하수길
새들이 정성들여
만든 오작교를 건너

오대양 육대주의
온 인류가
축포를 쏘아 올리며
축복하는 박수를 받으며
견우와 직녀가 만나는 날
하늘은 찬란한 별빛으로
유난히도
영롱하게 반짝 반짝

천년,
만년 만나기로
약속하고 뜨거운 포옹.

〈 2017. 10. 25 〉

태종대

소나무 숲 울창한 숲
높은 절벽 꼭대기에 서면
수평선 너머
광활한 푸른 바다

웅장한 절벽 아래
자갈밭에서 발을 담그고
팔베개를 하고 누우니

갈매기 울음소리와 함께
큰 파도가
괴암 괴석에 부딪쳐
물보라를 일으키는 장관

절망 근심 걱정 불안 모두
부수어 비리고
유람선은 유유히 항해를 한다.

〈 2017. 4. 9 〉

해운대 사랑

그대와 정답게
팔짱을 끼고 걷던
백사장에는 잔잔한 파도가
찰랑거리며 찾아온다.

발자국마다
갈매기 울음소리을
살며시 채워준다

밤을 새워가며
사랑을 속삭이는
달빛과 별빛이 은은히
비추어 축복하여 주고

동백나무 아래 괴암 괴석에서
영원히 변치 않는 미래를 위하여
축배의 잔을 기울인다.

〈 2017. 4. 4 〉

공주산성

천년 역사를 담은 석축이
산기슭을 타고
당당하게 자리 잡았는데

장군이 큰 칼 차고
나라를 걱정하던 자리에

세파에 지친 나그네가
피로한 심신을 달래는데
금강 물은 굽이쳐 감돌고

강 건너 글방에서 글 읽는 소리
조국의 삼천년 대운 초석이로다.

〈 병술년 삼월 칠일 〉

저승 계신 부모님

생전에 금강산 여행을 보내 드린다던
약속이 물거품이 된 지금
후회한들 무엇하리.

헛된 야망에 잡혀 헤맬 때, 태풍을 만나 모든 금은보화를 물속에 버리고 기진맥진한 인생, 그 세월에 저승 가시고, 정신을 가다듬은 지금, 이승에서 좋아하시던 녹용 사골이 창고에서 잠자고 있어도 소용이 없어진 허망한 세월을 곡하노라.

매일같이 물을 주어 국화 송이를
정성껏 가꾸어 영전에 바치오니
어여삐 봐주시어 흠향하소서..

〈 병술년 삼월 십칠일 〉

청남대

호수 가운데 자리 잡은 곳에
인파가 신기루를 찾아
큰 눈을 두리번거리는 행보

깔끔한 잔디밭 아래 낚시 터
삐딱하게 경제모를 눌러쓴 강태공
대어를 낚았는데 실족하여
흙탕 물 속에 풍덩

아름다운 정원 아담한 가옥
호수 가운데 갸름한 유람선
돈방석에 앉아 골똘이 패를 돌리는
귀인들의 모습이 유유자적

대인은 세계 속에서 무궁화를
금빛으로 가꾸는데 소인의 심한
가지치기에 꽃도 피워보지 못한서러움

큰 소리에 놀란 비단 잉어
수초 속으로 사라지는데,
그래도 이곳이 좋아
나그네 북적거린다.

시장 골목

많은 사람들이 생의
윤택함을 찾아
북적거린다.

농산물 해산물 의복 공산품
즐비한 길거리에
국밥 한 그릇에 한잔 걸친
장꾼 삶에 지친
고뇌의 보따리를
시장 바닥에 내 팽개칠 적에

상인들의 볼멘소리
사람들 틈새를 비집고
와글, 와글!

〈 2006. 9. 4 〉

아리랑 고개

한복을 곱게 차려 입고
부는 피리 소리
명창의 노래를 들으며
걷던 고불고불 아리랑고개

여기에서 신명나는 풍악소리
흥겨운 민속 국악 공연들
도자기 공예 아기자기한
그 아름답던 예술

모두 이곳에서 나오는
샘물고개 이 모든 전통문화가
꽃피는 아리 아리랑 고개
한 폭의 동양화.

〈 2017. 3. 24 〉

여름 벌판

푸른 곡식 자라는 모습
인류의 은근한 미소가
입가에 피어나며

초원에는
망아지 뛰어다니는 모습
옛 이야기

뜨거운 태양 아래
오토바이 탄 농부
해외 무역풍을 만나 실의에 싸여
논의 물꼬 보러 갔지만

농기계 소리 붕붕거리고
벼 줄기 굵어져
희망이 움트는 노래 소리
부농의 꿈이 자란다.

〈 2006. 8. 26 〉

영산홍

붉은 영산홍 가지마다
아름다운 꽃을 피운다.

이 세상 어딘가에 살고 있다면
천리고, 만리고 찾아가
손을 잡고 진실어린 구애를 하련만,

간절한 소망
친지들과 함께
연인과 함께
꽃나무 아래 자리 잡고
밤 새도록 잔을 부딪치련다.

제발 시들지 말고
오래 오래 아름다워라.

〈 2017. 3. 23 〉

4부

내 고향 부소산

조상님 산소

청마산 용맥 끝에
아담하게 자리 잡은
조상님 산소.

한 며느리가 매일같이
목욕 재배하고 나타나
청마산
약수 물을 뿌리어
금잔디를 가꾸며
아침마다
꽃을 한 아름 바친다.

이 정성이 깃들어
성스러운 기운이 감돈다.

〈 2005. 6. 5 〉

추석 성묘

성묘 가는 길은 꽃길
코스모스 피어 있는 길
가족 모두
자가용 타고 달려가니
아담한 동산엔 야생화 가득

국화꽃 향기 그윽한 곳에서
최대의 명절 전야제
부모 형제자매 축배의
잔을 부딪치고

조상님의 얼을 찾고
공들여 가꾸어온 산소 주변엔
알밤과 감이 주렁주렁

산새들은
과일의 뒤에 숨어 지저귀고
우리 가족 모두
미풍양속 정서가 만개

꿈과 이상이 황금벌판같이
풍성하게 차오른다.

〈 2006. 9. 6 〉

처제

꽃잎 같이 고운 마음씨
상현달 같은 얼굴을
골똘히 바라보고 있으면
한없이 즐거워요.

처제의 날렵한 어깨 위에
우리들의 모든 꿈과 행복이
달려 있으니
모든 것을 정성껏 포옹하고
꽃마차 타고 찾아와 주오.

복사꽃 화사하게 피어있는
구드래 공원에서
달나라 보석을
우리들에게 선물하였다오.

〈 2005. 7. 14 〉

탑정 저수지

수평선 너머 아기자기한
산봉우리에 앉아
산속에 드넓게 펼쳐진
호수를 바라보며
임과 함께 동양화를 그리련다.

푸른 물 위에
옹기종기 모여 앉은
철새들의 명랑한 지저귐을 보며
임과 함께 시를 쓰련다.

잔잔한 물결이 밀려오는
한길 가 절벽 언덕배기에
그림 같은 집을 짓고
기다리던 꿈을 실현하련다.

〈 2005. 2. 13 〉

곰나루 공원

곰의 사랑 이야기가 애잔하게
배어있는 곰나루 공원

애타게 기다리는 곰 가족들
기다림에 지친 여운을 풀고

활시위는 허공을 가르고
아담한 고전 가옥을
배경으로 과녁에 명중

명중이라는 춤과 노래에
왕릉의 주인공은
태평스러운 잠이 들고

등나무 그늘 아래에는
연인들이 손잡고
속삭임인가 다정다감하고

여운을 품은 나그네가
온천물에 회포를 푼다.

〈 2006. 3. 24 〉

파랑새

울창한 숲 속에서
지난 추억에 속삭일 때
화양동 다리 위의 화백
붓 흐르는 소리에 단풍잎
붉게 물드는 고요한 정서

저 산 너머에서 온다는 파랑새
선비께서 요순시대의 길을 찾던
자나무 그늘 아래서
정든 친지들과 잔을 기울이니
진미가 오색 배낭 속에 가득

취흥이 넘칠 때 갸름한 바위에
기대앉은 무명시인
붓을 가볍게 꺾어 쥐고
저 산 너머에서 온다는
파랑새를 오늘도 기다린다.

〈 2007. 10. 15 〉

고향역 단란주점

골목마다 어우러져 있어도
술은 고란사 약수로 빚은 술인가.
그 맛 일품일세.
일배 이배 삼배- 돌아가니
세상에나 있는
삼락의 경지에 빠지는구나!
노래 부르고 춤을 춘다.
고란사 종소리 은은한 음률과
장단에 맞춰 춤을 춘다.
그대와 굽이굽이 돌고 돌아간다.
만취해서 바라보면
정산은 영산이 되고
여자들은 고란초 향기 풍기며
밤이 새도록 춤추고 노래한다.

〈 2005. 5. 17 〉

구드래 수박 축제

백마강 향수가 가득한 구드래 수박을
정림사지 앞에 가득 모아 놓고
호화찬란한 조명 아래에서
그리도 예쁜 탈북 예술단원이 찾아와
민요를 부르고 춤을 추면서
통일의 수박축포를 쏘아 올리니
이 빛이 너무 밝아 평양까지 반짝이리라.

연이가 유리 구두를 신고,
삼백 리를 달려와 축제의 밤에
은하수 무대를 꾸며놓고
농민들과 함께 하는
가요 굿판이 너무나도 흥미로워
우리 모두 오래도록 쌓인 피로가
신기루 같이 사라진다.

〈 2005. 6. 3. 〉

내 고향 부소산

고향 부소산 사자루에
봄이 찾아와
꽃피고 산새 지저귄다.
깃발을 어깨에 메고
그와 만나
축배를 들자고 약속했는데
경제위기 닥쳐와
공든 탑이 무너져
서울 어느 곳에
헤매고 있는 신세라니
약속을 지키지 못하는 절망감
그러나 다음해
또다시 봄은 찾아오느니,
꿈을 잃지 말고
가냘픈 희망을 키워, 내 고향
부소산 가는 날을 기다린다.

〈 2004. 11 .28 〉

매화꽃

온산이 연분홍 매화꽃,
붉은 매화꽃

매화나무 꽃밭 한 가운데
그림 같은 집을 짓고

연분홍 꽃나무 아래서
연분홍 행복을 만들고

붉은 매화꽃 나무에서
예쁜 행복을 꿈꾸고

추억 속
아담한 창고에 쌓으리라.

불행할 때마다 꺼내어
행복한 세상을 나누고 싶다.

〈 2018. 4. 5 〉

백마강 수박

소쩍새 우는 화창한 날이다.

친구가 백일의 땀방울
송이송이 밴
백마강 수박 세 덩이
짊어지고 찾아 왔다.

백일 동안 정성 들여
정림사지 앞
우정의 구층탑 쌓아 올리니
선남선녀들이여,
완성되는 날

모두 모여 축배를 들고
불꽃 축포를 쏘아 올리자.

〈 2005. 5. 29 〉

산 까치

어제도 산 까치 울지 않았는데
오늘도 날아오지 않으니
어떻게 하나요?

그대와 손가락 걸며
미래를 설계하던
숲속 잔디밭에는
산새들의 처량한
노랫소리만 들려요.

그대와 팔짱을 끼고
낭만을 꿈꾸며 속삭이던
아담한 동산 벚꽃나무
매몰찬 바람에
꽃잎만 휘날려요.

보랏빛 메아리가
가슴에 가득히 싸여
견딜 수가 없는데

내일도 산 까치가
울지 않으면 어떻게 하나요?

〈1990〉

벚꽃 사랑

벚꽃 터널
아름다운 꽃
겹겹이 쌓인 연분홍 꽃잎을
바라보고 있노라면
황홀경에 취해
행복한 순간

꽃잎 속에 임의 고운 얼굴
꽃송이처럼 예쁜 황홀경에
젖어들 때 어여쁜 파랑새
꽃가지 속에서 울어댄다.

꽃보다 임이 아름답다고
이 행복한 모습이
수많은 세월

계속되어다오 라고
이 벚꽃 연정이 사라지면
예쁜 파랑새 울고 간다.

〈 2018. 3. 20 〉

입춘 한파

동장군이 무장을 하고
날카로운 찬바람을 일으켜
온 세상이 얼음 창고

봄이 온다는데, 냉기류만 꽁 꽁
그래도 땅속에서 봄기운이
부드럽게 감아 돈다.

동장군이 한없이 세상을
지배하려 하지만 비단옷 입은
아름다운 봄 여인이 나선다.

이것이 세상의 이치
아무리 무서운 정치라도
이제 새로운 세상이 온다.

〈 2018. 2. 18 〉

정림사지 벚꽃

정림사지 뒤안길에
예쁜 벚꽃이 만발하였다.
사라진 절이 꽃 속에서
그림같이 나타난다.

화려함과 비극을 간직한
사비성 오천 결사대
전쟁터로 지아비를 보낸
수 천의 눈빛
싸움터로 아비와 형을 보낸
수 만의 얼굴들

괴로웠던 기억을 잠재우고
벚꽃이 피었다.
너무 아름다워, 내 가슴이
미치도록 아팠다.

〈 2018. 4. 5 〉

정월 보름달

둥근달이 두둥실 떠올라
온 세상을 은은하게 비추는 밤

달나라 계수나무 아래에서
신선이 도술로 밝은 은빛을 만들어
세상에 보내는 신기한 밤

자녀들과 함께
위대한 나라를 건설하려고
기도와 노력을 하는 이들에게

더욱더 유난히 밝은 은빛을
보내는 둥근달
성스러운 이 밤이 영원하길 축원한다.

〈 2018. 3. 4 〉

함박눈 내리는 밤

흰 눈이 펑 펑 쏟아지는 이 밤
촛불을 정성스럽게 켜 놓고

천지신명에게 아름답고 청결한 세상을
밤이 새도록 기도드린다.

나무 가지마다 하얀 눈꽃
하얀 눈 지붕 하얀 산야

눈 쌓인 아기자기한 소나무속에서
산새들이 신비한 세상이라고 울어댄다.

〈 2018. 1. 30 〉

황혼의 백마강

백마강 푸른 물결이 고란사 낙화암을
감돌아 흘러가는 물결 따라
황포 돛단배는 수많은 역사를
간직하고 두둥실 떠돈다.

붉게 물든 저녁노을 위에
궁녀들의 슬픈 모습이 아롱거린다.
결사대의 모습도 아롱거린다.

저녁 둥근달이 떠올라 휘영청 밝은 경치
물새 한 마리 낙화암 바위 꼭대기에 앉아
이 밤이 새도록
구슬프게 울어대는구나.

〈 2018. 2. 4 〉

류찬희 시집

정림사지 벚꽃

발 행 일 | 2018년 6월 15일
지 은 이 | 류 찬 희
발 행 인 | 李 憲 錫
발 행 처 | 오늘의문학사
출판등록 | 제55호(1993년 6월 23일)
주 소 | 대전광역시 동구 대전로 867번길 52(한밭오피스텔 401호)
전화번호 | (042)624-2980
팩시밀리 | (042)628-2983
전자우편 | hs2980@hanmail.net
카 페 | cafe.daum.net/gljang(문학사랑 글짱들)
cafe.daum.net/art-i-ma(아트매거진)

공 급 처 | 한국출판협동조합
주문전화 | (070)7119-1752
팩시밀리 | (031)944-8234~6

ISBN 978-89-5669-921-9
값 12,000원

* 이 책은 교보문고에서 E-Book(전자책)으로 제작 · 판매합니다.
* 잘못 제작된 책은 바꾸어 드립니다.

문학사랑 시인선

001	전태익	눈빛 닿는 곳마다
002	리헌석	갈채하는 숲
003	상동규	수직으로 일어서면 수평으로 눕는 바다
004	정재권	대나무를 충고한다
005	조남익	기다린 사람들이 온다
006	정진석	아름답고 향기로운 사람꽃
007	양태의	혼자 우는 뒷북
008	리헌석	섬바위
009	이순조	하늘 닮은 사랑
010	김명배	몸 밖에 마음 두고
011	김기양	김기양의 허수아비
012	경흥수	솔바람의 향기
013	이완순	세상 위에 나를 그리다
014	오희용	이야기 나무
015	곽우희	여전히 푸르고
016	조근호	바람의 동행
017	김영우	길 따라 물길을 따라
018	조남익	광야의 씨앗
019	지봉성	고도
020	이근풍	아침에 창을 열면
021	나이현	들국화 향기 속에
022	이영옥	길눈
023	전성희	당신의 귀가 닫힌다
024	김기원	행복 모자이크
025	김영수	소쩍새 한 마리
026	고덕상	고요한 기다림
027	권상기	초록빛 그리움
028	김주현	분명한 모순
029	김해림	멈추지 않는 발걸음으로
030	김영우	갈맷길을 걸으며
031	이완순	海印을 찾다